DER GROSSE MARKUS

Cartoons für alle Lebenslagen – Eine fast endgültige Auswahl

Herausgeber:
Heiner Bremer, Michael Jürgs, Klaus Liedtke
Programmleitung:
Dr. Manfred Leier
Lektorat:
Gisela Merz-Busch
Graphische Gestaltung:
Norbert Kleiner
Verlagsleitung:
Peter Schlickenrieder
Produktion:
Bernd Bartmann, Druckzentrale G + J
Druck:
Neef, Wittingen

1. Auflage 1988
ISBN 3-570-06527-8

INHALT

WIE MAN BEULEN AM KOPF AUF HOCHGLANZ POLIERT

HENRI NANNEN

Wenn es ein Armutszeugnis für den geben soll, der es sich nicht zutraut, die Karikaturen von Markus verbal zu überhöhen oder sie auch nur erklären zu wollen, dann nehme ich dieses Armutszeugnis gelassen entgegen. Markus erklärt sich von selbst, einer Gebrauchsanweisung für den Leser bedarf es da nicht.

Und wer bin ich, daß ich ein Vorwort schreiben sollte für einen Zeichner, der alle Pointen dieser gar nicht so komischen Zeitläufte längst vor mir erdacht und gezeichnet hat. Unsereiner sieht die Menschen und ihr Getue und denkt „such is life“, aber Markus weiß, daß es immer ganz anders kommt, mal böser und mal besser, in jedem Fall hintergründiger, manchmal auch trauriger, und dann doch nicht so bierernst, wie wir es oft nehmen.

Und wie es die Dichter und die Maler sind, in deren Phantasie das Kommende sich ankündigt, bevor wir es auch nur geahnt haben, so gehört auch der Karikaturist Markus zu den „Ahn-Herren“, die spüren, wo es langgehen wird, ehe wir noch den Schritt um die Ecke getan haben und vor dem stehen, was uns den Unterkiefer herunterklappen läßt. Oder hätten wir's gewußt, wie grotesk und widersinnig, wie aberwitzig und verbarschelt uns die Politik und die Politiker daherkommen würden? Markus hat immer mit allem gerechnet. Ob sein Paß deshalb auf den Namen Jörg Mark-Ingraban von Morgen lautet?

In der „Welt“ las ich den Satz „Die Karikatur kann nur kritisieren, aber sie kann nichts bessern“. Als wären Karikaturisten dazu da, Wundverbände für Politiker zu stricken, die sich den Kopf angeschlagen haben. Laßt sie nur weiter die Beulen auf Hochglanz polieren, die sich die Großkopfeten stoßen, damit sie rotglänzend aufleuchten im Nebel der Wenden und der Wichtigtuerei. Bei Rot zeigt die Ampel auf „Halt“, und wenn die

Karikatur schon nicht heilen kann, so kann sie doch vorbeugen, weil Lächerlichkeit immer noch der beste Stopper ist, wenn einer partout mit dem Kopf durch die Wand der Eitelkeiten will.

Lächerlichkeit tötet? Ich habe auf dem Weg des großen Markus (1,89 m!) noch keine Leichen liegen sehen. Sollte mir am Ende dieses Vorwortes eine Kennzeichnung denn doch nicht erspart bleiben, so fällt mir nichts Besseres ein, als was ich 1980 schon einmal schrieb: „Treffen ohne blutig zu verletzen, karikieren ohne zu beleidigen, mit dem spitzen Pfeil der Satire die Haut des Opfers ritzen und es nicht mit dem Dum-Dum-Geschoß der Politpöbelei umlegen, wie man's gekonnt zuwege bringt, das zeigt Markus in seinem neuen Band."

Und eben dies gilt nun auch für den „Großen Markus" (300 Seiten), der hoffentlich nicht der letzte sein wird.

Henri Nannen

DIE REIHENHAUS-SZENE

„Wir müssen leider für heute
abend absagen, weil wir keinen Babysitter
für unsere Lieblinge haben!“

„Selbst wenn das Essen versalzen war
und du jetzt irren Durst auf ein Bier hast, brauchst
du keine solche Schau abzuziehen!“

„Ich bestreite gar nicht, daß du der Herr
im Hause bist, Hans-Georg – trotzdem geht mir die
allabendliche Staubkontrolle auf die Nerven!“

„Eine gemischte Sauna
hatte ich mir, ehrlich gesagt,
anders vorgestellt!“

„Billiger kann man
nirgendwo einkaufen, aber der Service
läßt wirklich zu wünschen übrig!"

„Dies ist wohl
nicht die Sitzung des
Karnevalsvereins von 1891?“

„Wenn alle Deutschen morgens
im Bett geblieben wären,
wäre Hitler nicht an die Macht gekommen!“

„Iller, Lech, Isar, Inn
fließen zu der Donau hin –
Altmühl, Naab und Regen
fließen ihr entgegen!“

„Wir hätten Oma nicht so viel von der
Emanzipation der Frau erzählen sollen – wer paßt jetzt
übers Wochenende auf die Kinder auf?“

„Ich weiß, es ist nicht richtig – aber
manchmal kommt man eben in der Erziehung
nicht ohne Schläge aus, Mami!"

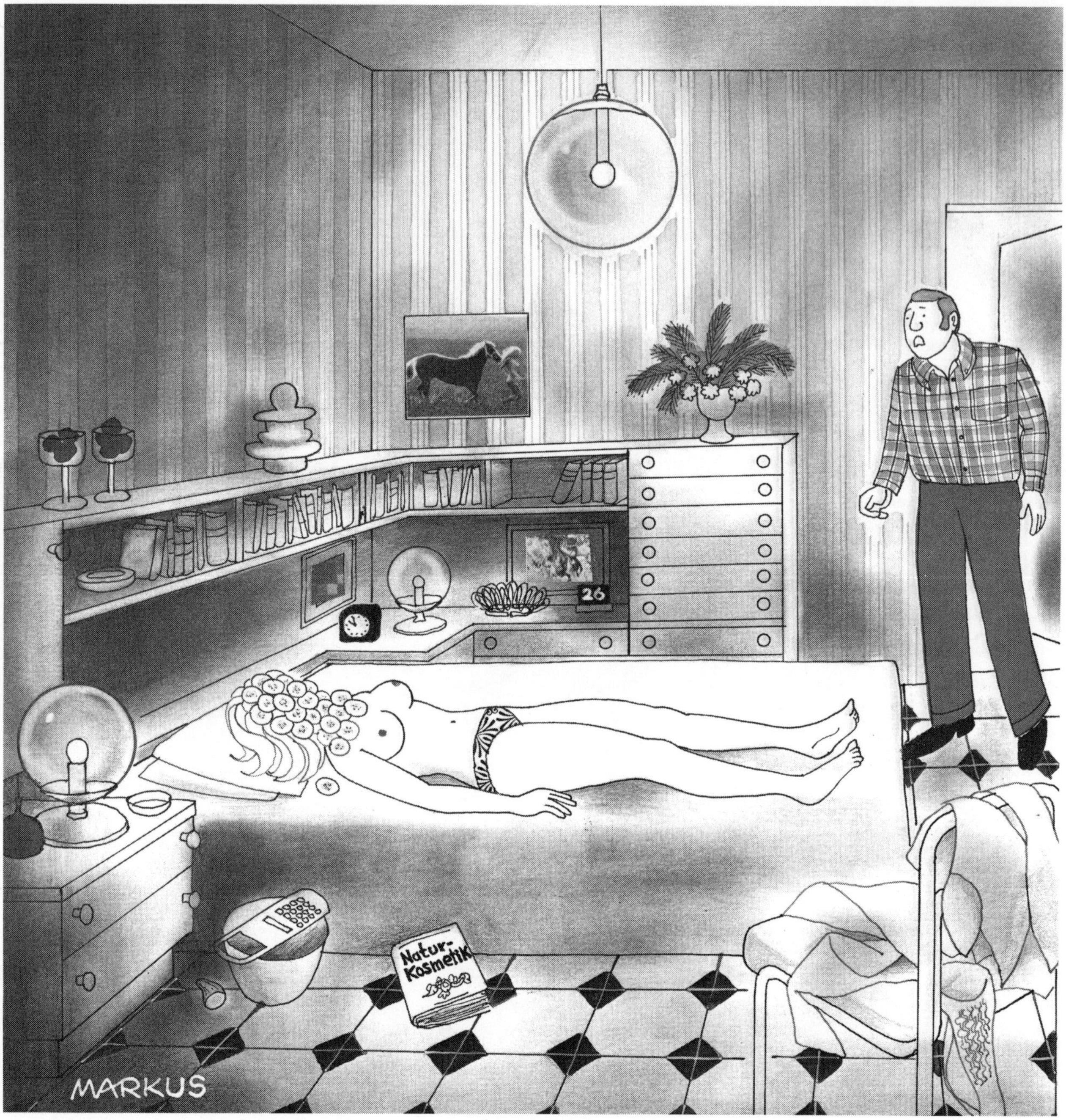

„Ich sehe schon –
es gibt mal wieder Gurkensalat
zum Mittagessen!"

„Wir hätten diese
Abenteuerreise vielleicht doch nicht
blind buchen sollen!“

„Die Ostervorbereitungen waren
jedenfalls sehr viel einfacher, als du noch
kein Hobbymaler warst, Manfred!“

„Ihr Beamte
seid doch alle gleich!"

„Weiber haben
echt keine Ahnung vom
Überlebenstraining!“

„Da ist ein Herr von der
Superkauf AG, der sich gern einmal mit
dir unterhalten würde, Schatz!“

„Wünschen wir Wagner,
wonniges Weib?“

„Es hat keinen Sinn, sich etwas
vorzumachen, meine Herren – wir haben den Anschluß
an die Neue Deutsche Welle verpaßt!“

„Haben Sie ein Parfum,
das nach Kassler mit
Sauerkraut riecht?“

„Hallo, hallo, hier spricht Corinna: Ich bin eine scharfe Blondine mit toller Figur und möchte dich gern verwöhnen, wenn du mich besuchst, Süßer!“

„Im Honorarstreit zwischen
uns Krankenkassen und den Zahnärzten sind
die Fronten noch immer verhärtet!“

„Kollege Weissbach
gibt sein Äußerstes, um die
Gebührenerhöhung aufzufangen!"

„Liebes Frauchen! Ich Unglücklicher bin von
einer Terroristenbande entführt worden. Du wirst mich
nie wiedersehen . . . Lebe wohl, dein Horsti!“

„Tut mir leid,
Herr Direktor – aber wir haben
darüber abgestimmt!“

„Onkel Jörg hat es sicher
nicht gern, wenn ihr während seines Mittags-
schlafs Vampirjagd mit ihm spielt!“

„Es wäre unheimlich nett von dir, Daniel,
wenn du deinen Aufsatz ebenso ins Heft schreiben
würdest wie die anderen auch!“

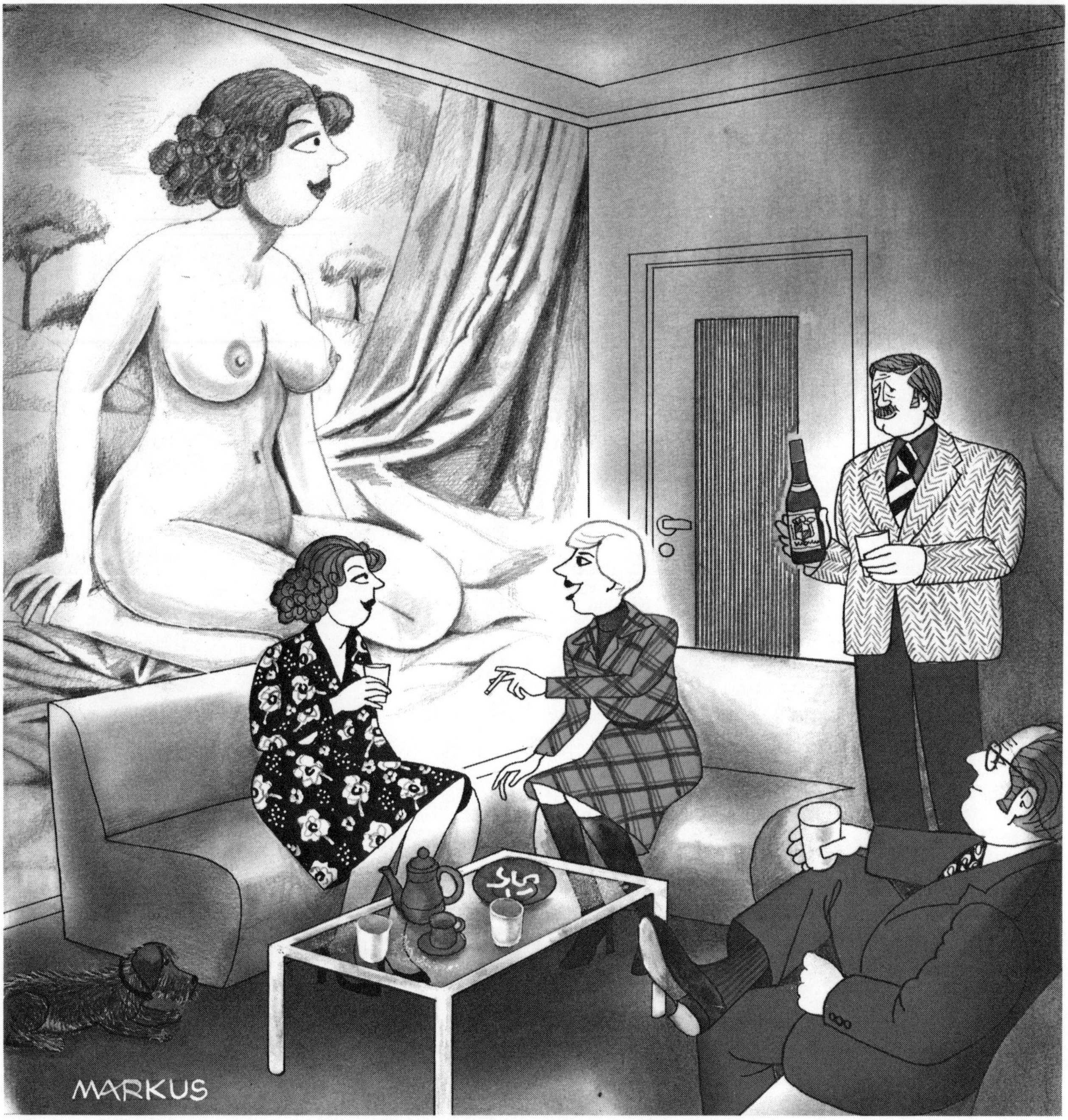

„Sie müssen mir unbedingt
die Adresse Ihrer Malerfirma geben,
meine Liebe!“

„Das ist der Nachteil, mit einem Kripomann verheiratet zu sein – ich weiß bis heute nicht, ob Rolf blaue oder braune Augen hat!"

„Sie kennen
offensichtlich die neuen Bestimmungen
bei Strafporto noch nicht!“

„Sie werden Ihre Arbeit tun,
Fräulein Zander – auch wenn die Geschäftsleitung
bisher keine Klimaanlage eingebaut hat!“

„Es ist immer ein merkwürdiges Gefühl,
wenn man vor der Landung wieder in die Wolken
taucht, nicht wahr?“

„Du brauchst gar nicht
so beifällig mit dem Kopf zu nicken, Eberhard –
damit sind wir gemeint!“

Nichtraucher
Raucher
MARKUS

„Hinaus aus des Alltags verzweifelter Enge
ins Land und weit fort führen Schienenstränge.
Es leuchten die Wälder in sonnigem Schein,
der D-25 nach Köln läuft jetzt ein."

„He, Sie – können Sie denn nicht lesen?"

„Dies ist das Arbeitszimmer des
großen Dichters – alles wurde genauso gelassen,
wie es zum Zeitpunkt seines Ablebens war!“

„Manchmal wünsche ich mir,
du wärst keine so perfekte Hausfrau,
Irmgard!“

„Die letzte Mathearbeit
der 5 c scheint echt beschissen
ausgefallen zu sein!“

„SEIT SIE DIE BUNDESSTRASSE AUF
ACHT SPUREN VERBREITERT HABEN, SIND WIR AUF
TAUBSTUMMENSPRACHE ÜBERGEGANGEN!“

„Auch wenn heute
unser zehnter Hochzeitstag ist – war
das wirklich notwendig?“

„Und was halten Sie
von der Emanzipation der Frau?"

„Ich habe nichts gegen
die neue Tapete, aber das verdammte Reh
bringst du zum Förster zurück!“

„Fräulein Hagedorns
Möpse haben wirklich den
ersten Preis verdient!“

„Ist das noch der
Lehrerstreik oder schon dein normaler
Mittagsschlaf, Wolfgang?“

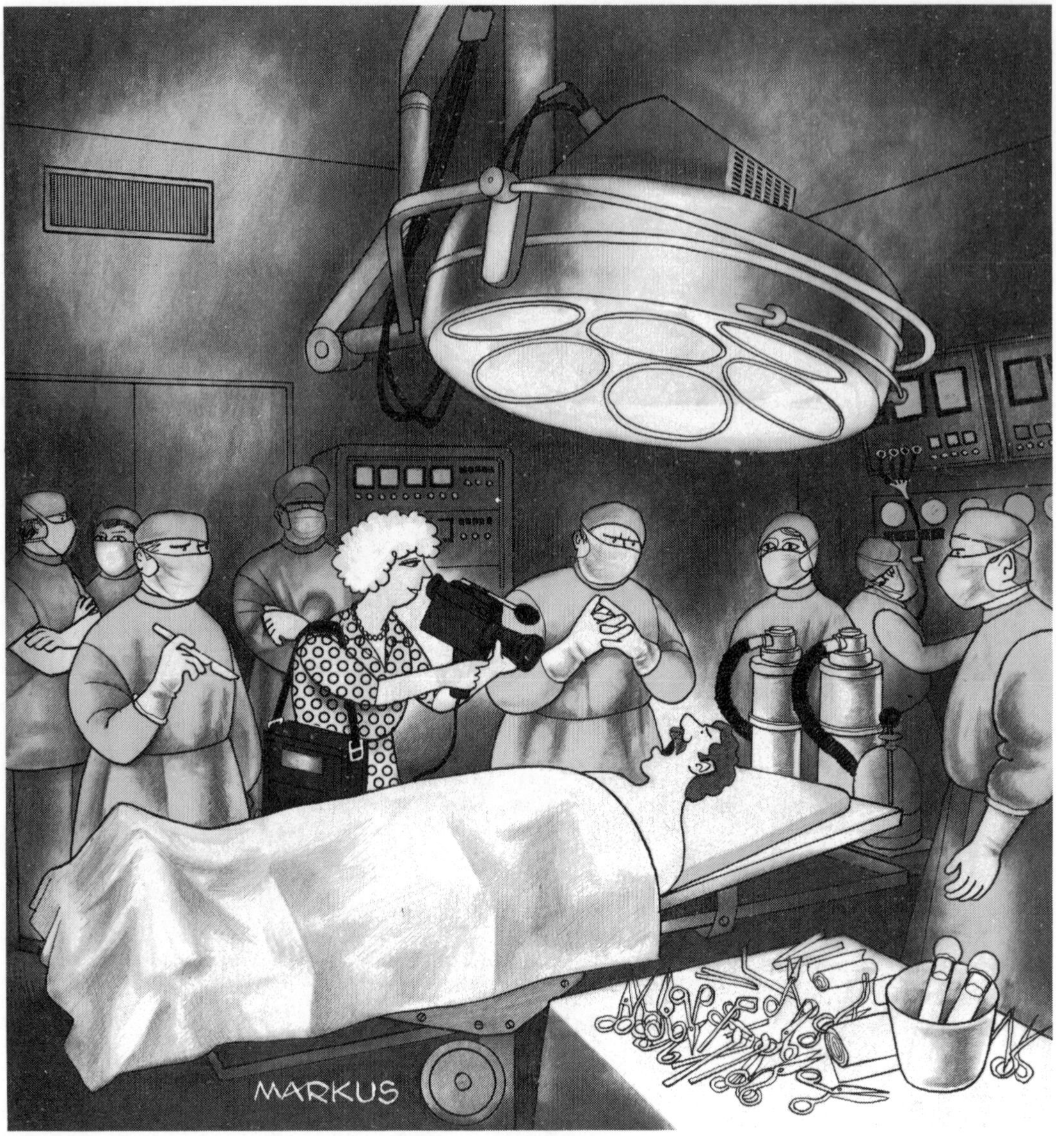

„Laß dir auch den Namen
der OP-Schwester geben – ich brauche
ihn für den Vorspann!“

„Dieser Krimi läuft weder
im Ersten noch im Zweiten Programm,
mein Junge – wir sind live!“

„Früher haben mir
die Konzerte mit Karajan
besser gefallen!“

„Ein '71er Ockfener Steingarten,
Spätlese – das ist ein Wein, zu dem man
Ihnen nur gratulieren kann!"

„Zieh mich sofort aus der Gletscherspalte heraus, Hubert! Los, beeil dich gefälligst! Dazu brauchst du doch kein Taschenmesser, du Schwachkopf . . .“

„WAU WAU!"

„Kannst du deine Staatsverdrossenheit
nicht wenigstens dann ablegen, wenn Onkel Reinhard
und Tante Beate zu Besuch kommen?“

„Und dann hörte ich eine Stimme, die ganz deutlich sagte: ‚Hier ist der automatische Anrufbeantworter'!“

„Hoffentlich haben Sie unseretwegen keine großen Umstände gemacht!“

„Du magst zur schweigenden
Mehrheit gehören, aber schnarchen tust du
ganz schön laut!“

„Könnt ihr euch nicht
ein einziges Mal natürlich verhalten, wenn
ich mit der Video-Kamera komme?“

„Brüggemanns werden nicht zur
Schneeballschlacht kommen – sie haben gerade
ihre neue Heimsauna eingeweiht!"

„Aber, aber, Herr Kollege –
ein paar nazistische Schülerkritzeleien müssen
Sie doch nicht so tragisch nehmen!"

BÜRO-LANDSCHAFT

„Wir haben einen Defekt
am zentralen Toilettenpapierspender,
Herr Direktor!“

„Sie werden sich daran gewöhnen
müssen, junger Freund – bei Schirrmacher & Feltz
herrschen die Gesetze des Dschungels!“

„Das Essen hat etwas
länger gedauert, Fräulein Gehlhorn –
war was?“

„Kollege Köhler ist wirklich ein
unheimlicher Anpasser!“

„Es gibt Leute, mein Junge,
die sagen, ich fühle mich in der Ellenbogen-
gesellschaft verdammt wohl!"

„Ein Löffelchen für Daimler-Benz und
eines für Hoechster Farben, ein Löffelchen
für Mannesmann und eines ...“

„Und jetzt bringt Herr Dr. Schneider von
Gesamtmetall seinen Protestsong gegen Gewerkschafts-
willkür und Lohnterror zu Gehör!“

„ich, mikrocomputer xp 3000 und seit heute
ihr abteilungsleiter, befehle ihnen, sofort von ihrem
verbrecherischen tun abzulassen!“

„Dies ist wohl kaum
der geeignete Ort, um ständig von ‚Staatsknete'
zu reden, meine Herren!"

„An alle Abteilungen:
Herr Direktor Heimann hat ein neues Hair-Styling –
wer einmal ‚määäh' sagt, fliegt!"

„Gibt es eigentlich jedesmal
solch ein Theater, wenn Herr Dr. Ballmüller
eine neue Sekretärin einstellt?“

„Fräulein Müller von der
Buchhaltung bringt ihren Dackel ja
auch immer mit ins Büro!“

„Wie lange sind
Sie eigentlich schon arbeitslos,
Fräulein Wehrmann?“

„Im neuen Tarifvertrag haben wir
uns verpflichtet, ihn zwölf Monate an seinem
Arbeitsplatz zu beschäftigen!“

„Nicht auf die Äpfel – auf die
frischen Landeier sollten Sie die Hühnerkacke
pinseln, Sie Blödmann!“

„Ich weiß es auch nicht genau, aber irgendwie soll es dem Computer in der Personalabteilung die Arbeit erleichtern!"

„In meinem Unternehmen ist niemand mit
seinem Gehalt unzufrieden – deshalb wird es bei uns
jedenfalls keinen heißen Herbst geben!"

„Das Finanzamt hat es leider abgelehnt, Ihre Selbsterfahrungsgruppe steuerlich anzuerkennen, Herr Direktor!“

„Unser Vorstandsvorsitzender
scheint einen sehr langfristigen
Vertrag zu haben!"

„Zur Weiße-Kragen-Kriminalität werden
Sie mich heute nicht verleiten – alle meine
Hemden sind in der Wäsche!“

„Sagen Sie der Belegschaft,
daß wir eben alle in diesen schweren
Zeiten Opfer bringen müssen!"

„Hätten Sie in Ihrem Gebet für die leidgeprüften Entwicklungsländer nicht wenigstens e i n m a l die deutschen Banken und ihre gefährdeten Kredite erwähnen können, Hochwürden?“

„Und zum Schluß unseres kleinen
Tests die Frage: Möchten Sie überhaupt
noch in unsere Firma eintreten?“

„Ich hab's ja immer gesagt, für
einen anstelligen jungen Mann findet sich
auch heutzutage ein Ausbildungsplatz!“

„Mußt du Idiot
jedesmal winken, wenn du eine
Fernsehkamera siehst?“

„Die Planstelle
des Kollegen Ackermann ist ziemlich
überraschend abgebaut worden!“

„Ganz hübsch,
aber was fehlt, ist die konkrete
gesellschaftliche Relevanz!“

„Solange es Männer wie
Dr. Blechschmidt gibt, ist die freie
Marktwirtschaft nicht verloren!“

„Hallo, Blumenhaus City? Kann es sein, daß Sie Herrn Direktor Franke versehentlich den Baum der Erkenntnis geliefert haben?"

„Unseren nächsten Betriebs-
ausflug sollten wir doch wieder in
die Lüneburger Heide machen!"

„Seit seiner
Pensionierung fehlt Vati
das Büro sehr!“

BONN MIT BONZEN

„Ehe ich den Rest der Legislaturperiode
Curaçao-Cocktails trinke, verzichte ich lieber auf deine
neuen Wählerschichten, Heiner!“

„Kannst du die Partei denn
nicht für einen Augenblick vergessen,
Hans-Jochen?“

„Entschuldigung – geht's hier
zum Vermummungsparteitag der FDP?"

„Unsere Partei nimmt
die Sorgen der norddeutschen
Küstenländer sehr ernst!“

„Fundamentalopposition
ist ja schön und gut, aber hab'
du mal meine Migräne!“

„Geißler weiß eben genau,
daß wir uns jetzt stärker um die
Bauern bemühen müssen!“

„Wir haben ihn das letzte Mal
bei Ludwig Erhard benutzt!“

„Was die andere Seite natürlich nicht weiß: Wir können jederzeit auf atomare Gefechtsköpfe umrüsten!“

„Ist das wirklich alles, was Sie
zur Diskussion der Frauenfrage beizutragen
haben, Herr Bundeskanzler?"

„Geißler läßt wirklich
nichts unversucht, um das Image des
Kanzlers aufzupolieren!"

„Was dieses Unternehmen
als erstes wieder braucht, ist ein
gemeinnütziger Anstrich!“

„Wenn sich aber hinterher herausstellt, daß
Sie gar nicht Jutta Ditfurth von den Grünen sind,
habe ich Sie womöglich umsonst geküßt!“

„Alles was recht ist,
Hannelore – aber die Null-Lösung
ist kein Karnevalskostüm!“

„Ich finde, du solltest endlich
von deiner Lagertheorie Abschied nehmen, Heiner – aber
vorher gib mir noch eine geröstete Kartoffel!“

„Sie hätten sich den Entwurf
vorher etwas genauer ansehen sollen,
Herr Wörner!“

„Diesmal will er
persönlich in Wackersdorf
für Ordnung sorgen!“

„Glauben Sie nicht, daß es überzeugender wäre, wenn Sie den Reaktor einfach abschalten würden, Herr Wallmann?“

LIEBE PARTEIFREUNDE, ES MUSS ENDLICH SCHLUSS MIT DER PROFILNEUROSE IN DER F.D.P. SEIN!
1
2
3
4
5
6
7
8
9
10
11
MARKUS

„Das wird Zimmermanns
Verleumdern fürs erste den Wind
aus den Segeln nehmen!"

„Strauß ist jedenfalls immer noch
gegen Südafrika-Sanktionen!“

„Sobald er von der rot-grünen Gefahr anfängt, schalten Sie vorsichtshalber den Katalysator dazwischen!“

„Wir müssen die Diskussion
jetzt abbrechen – der Konditorei Krämer
sind die Sahnetorten ausgegangen!“

„Auch Graf Lambsdorff merkt allmählich,
daß die Rückkehr an den Kabinettstisch nicht
so einfach sein wird!“

„Ich wäre doch sehr dankbar,
wenn wir zu einer etwas sachlicheren Debatte
zurückkehren könnten, Herr Strauß!“

„Ich bin der neue Vorsitzende –
ist hier jemand?“

„Die neuen Bestimmungen der Bundesregierung sehen vor, daß künftig jeder Erwerbstätige persönlich für zwei Rentner aufzukommen hat: Sie beide sind mir zugeteilt worden!“

„Geben Sie es doch auf, Herr Geißler –
im Alleingang werden Sie die Geburtenrate in der
Bundesrepublik nicht erhöhen!“

„Einen Arbeitsplatz hat Kohl uns
tatsächlich verschafft – aber 25 Pfennig die Stunde
haut einen auch nicht gerade um!“

„Dies ist keine Manöverfalle
der Friedensbewegung – wir haben ein paar von
Schwarz- Schillings blöden Kabeln erwischt!“

„Seitdem die Schwesterparteien hinter
verschlossenen Türen diskutieren, kann man den Verlauf
nur noch auf der Richter-Skala messen!“

„Schließen Sie diesen Apparat
bitte wieder an – es ist die Direktleitung
zum SPD-Vorstand!“

„Die CSU will vermutlich wieder
mal über eine Änderung des Demonstrations-
Strafrechts mit uns diskutieren!“

„Sie sollten den Herrn Minister
unauffällig bewachen – bringen Sie gefälligst
Ihre Dienstwaffe anderweitig unter!“

„Es ist die erste ihrer Art mit
Sonnenantrieb – trotzdem bin ich sicher, daß die SPD
wieder etwas zu meckern haben wird!“

„Es hilft Ihnen wirklich nichts, Herr Bundeskanzler,
wenn ich Ihnen verrate, welches
After-Shave Richard von Weizsäcker benutzt!"

„Wir stehen voll hinter Ihrer Atompolitik, Herr Bundeskanzler – trotzdem möchten wir in Zukunft die Kabinettssitzungen wieder in Bonn statt in Biblis abhalten!“

„Nein, Sie dürfen die Geburtstagstorte des DGB nicht probieren – holen Sie endlich heißes Wasser und ein Handtuch!“

„Nichts ist alberner als die Behauptung, ich sei ein Politiker, bei dem allzuleicht die Sicherungen durchbrennen – hat zufällig jemand eine Taschenlampe da?“

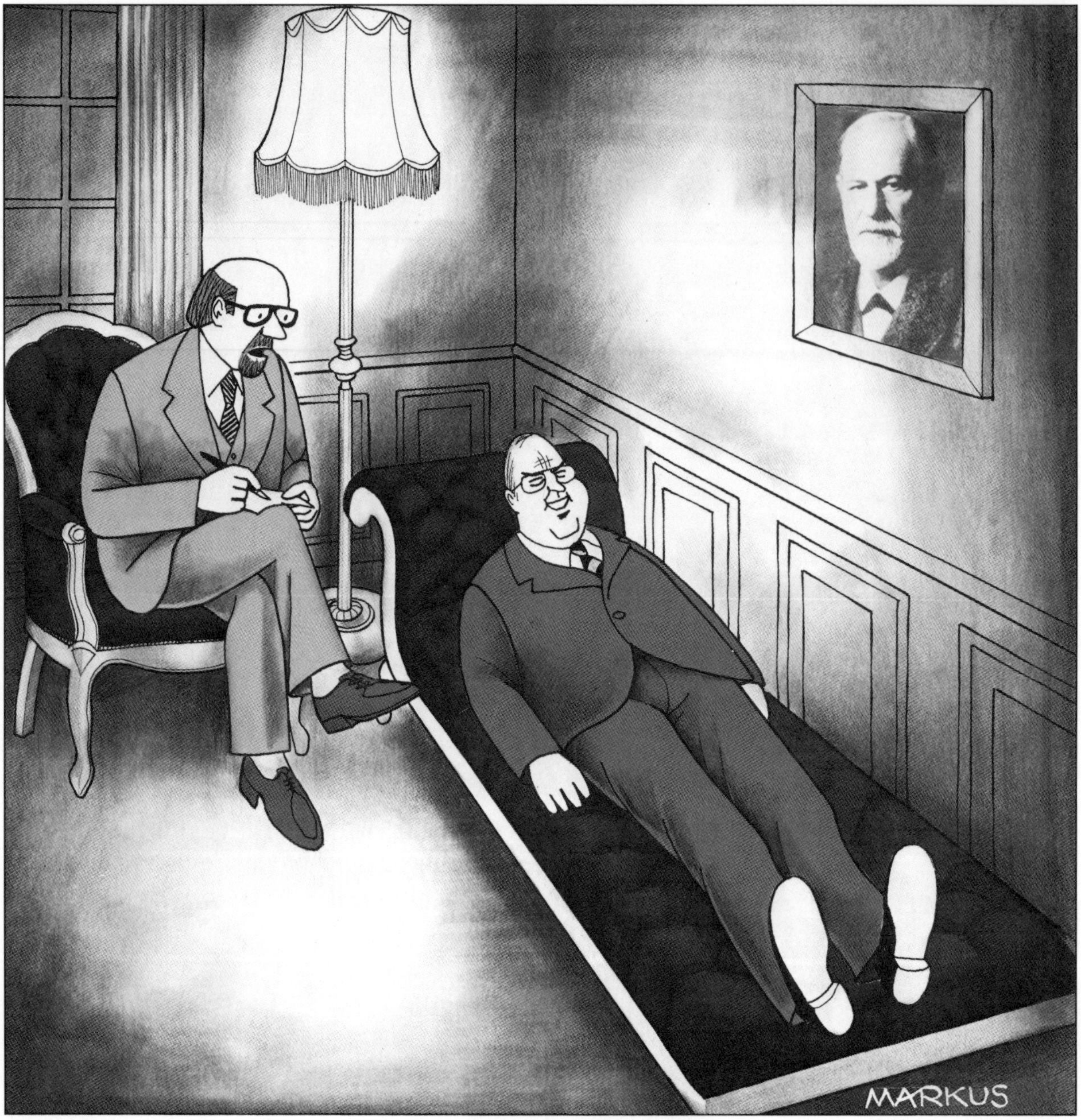

„Wann haben Sie denn zum
erstenmal gemerkt, daß Sie das Lächeln
nicht mehr abstellen können?“

„Wir wollten Sie bitten, uns den Rentner
der Zukunft zu züchten: Er muß mit zwei Scheiben
Knäckebrot pro Tag auskommen!“

„In Zukunft müßt ihr ohne
mich um die rechten Randwähler werben – mein
Meniskus macht das nicht mehr mit!“

„Tun Sie doch nicht so unschuldig, Herr Strauß –
ich weiß genau, wer mir Professor Hackethal zur
Sterbehilfe ins Haus geschickt hat!"

„Guten Tag, Herr Müller! Sie haben
eine Urlaubskarte von Ihrem Schmusekätzchen
bekommen, die wie folgt lautet . . .“

„Verbinden Sie mich
sofort mit Washington – hier drin
sind nur noch Liebesperlen!“

„Die letzten Affairen sind an
Ihnen auch nicht spurlos vorbeigegangen,
nicht wahr, Herr Stoltenberg?“

ALKEM
Schluß mit der Panikmache!
ALKEM ist sicher!
MARKUS

„Da sehen Sie es selbst:
Genscher denkt auch nicht im Traum daran,
das Außenministerium aufzugeben!"

„Bevor ich das Ergebnis des
Aids-Tests nicht gesehen habe, gebe ich hier
in Bonn sowieso keinem mehr die Hand!"

„Müssen die Abgeordneten jetzt
tatsächlich ihre Vermögensverhältnisse vor
jeder Bundestagssitzung offenlegen?“

„Falls es Sie interessiert:
Unser Verhältnis zu den Bauern
ist immer noch getrübt!“

„Bei dem kommt jede Hilfe zu spät –
alles, was er von sich gibt, ist: ‚Die Renten
sind sicher, die Renten sind sicher!'“

„Es wird der Untersuchungsausschuß
des Bundestages sein!“

„Das ist garantiert das letzte Mal,
daß ich das Sommertheater von Peter Zadek
inszenieren lasse!“

„Um Ihnen die Wartezeit etwas
zu verkürzen, führt Herr Minister Blüm jetzt
einen perfekten Aufschwung vor!“

„Unser Bundespräsident
scheint für sein Amt wie
geboren zu sein!“

„Zuerst die gute Nachricht:
Diese Motorsäge ist abgasarm und
absolut bleifrei!“

DGB
35 Stunden sind genu

„Sie können Präsident Reagan versichern, daß zumindest die CDU treu hinter ihm steht, Herr Botschafter!“

„Ich weiß nicht, was du hast,
Oskar – da meldet die Urenkelgeneration
ihren Anspruch an!“

„Stimmt etwas mit meinem
Terminkalender nicht, Juliane – oder kungeln die
womöglich schon meinen Nachfolger aus?“

„Wenn der Pazifismus sich bei der Jugend weiter ausbreitet, werden wir auf die bewährten Jahrgänge zurückgreifen müssen!“

„Und deshalb ... *keuch* ... sind wir heute
mehr denn je ... *keuch* ... für den vollständigen Ausstieg
aus der Atomwirtschaft ... *keuch*!“

„Nur ein kleiner Pieks, und
Sie werden die Situation im Gesundheitswesen gleich
sehr viel rosiger sehen, Herr Blüm!“

„Der eine ist Bangemanns persönlicher Referent, der andere zieht den Stecker raus, wenn er mit seinen lockeren Sprüchen anfängt!“

„Jetzt hilft alles Aussitzen
nichts mehr, Herr Bundeskanzler –
wir müssen schwimmen!“

„Wo Vogel Ferien macht,
ist immer schlechtes Wetter!“

„Eines Tages wird das alles mal
dir gehören, mein Sohn!“

„Angenehm, Müller, Deutsche Atom-AG!“ „Sehr erfreut, Schneider, Kernkraft GmbH!“

„Was hast du eigentlich
von deinen Parteifreunden geschenkt
bekommen, Jochen?“

„Strauß läßt keine Gelegenheit aus,
um die Meldepflicht für Aids zu fordern!"

„Guten Tag, Herr Riesenhuber: Ich bin eine kleine Nikolaus-Überraschung der Deutschen Gesellschaft für Gentechnologie!“

„Hören Sie endlich auf, sich in meine
Richtlinienkompetenz einzumischen, Herr Genscher –
nicken kann ich alleine!“

„Ich persönlich glaube, daß
da im Laufe der Zeit noch einiges
auf uns zukommen wird!“

„Herr Breit sagt, er denke
gar nicht daran, die Mahnwache
wieder abzuziehen!"

„Bei mir hat sich
die Führungsspitze der schleswig-
holsteinischen CDU angesagt!“

„Ich habe nichts gegen seine neue Ostpolitik –
ich finde nur, er könnte mal was anderes spielen
als immer nur das Wolgalied!"

„Ich brauche keinen Schutz
vor der RAF, Herr Zimmermann – hinter mir
sind die Rentner her!"

„Ist es für ein
Denkmal nicht noch ein
bißchen zu früh?"

„Bis heute habe ich nicht herausfinden können, wer er ist, aber soll ich seine Spende deshalb zurückweisen?“

„Er glaubt nach wie vor, alles habe
nur daran gelegen, daß die Regierungsarbeit
nicht gut genug verkauft wurde!“

„Das ist die Direktleitung zum SPD-Präsidium – den Schlüssel habe ich eben runtergeschluckt!“

„Ich bin es leid, täglich für den
Aufschwung Reklame zu machen, und möchte endlich
wieder mit dem Mercedes ins Kanzleramt!“

„Ins Kommuniqué schreiben wir, daß die
Gespräche im Geist von Glasnost geführt wurden – die
Sauna des Kanzleramts lassen wir unerwähnt!"

„In den Sitzungspausen könnten wir versuchen, ein System herauszufinden, das die Steuerreform finanziert!“

„Auf Ihr Programm zur
Ankurbelung der Bauwirtschaft kann ich
gut verzichten, Herr Strauß!“

„Liebe Mitbürger, hier spricht Umweltminister Töpfer: Wir wissen auch noch nicht genau, was passiert ist – aber es besteht kein Grund zur Panik!"

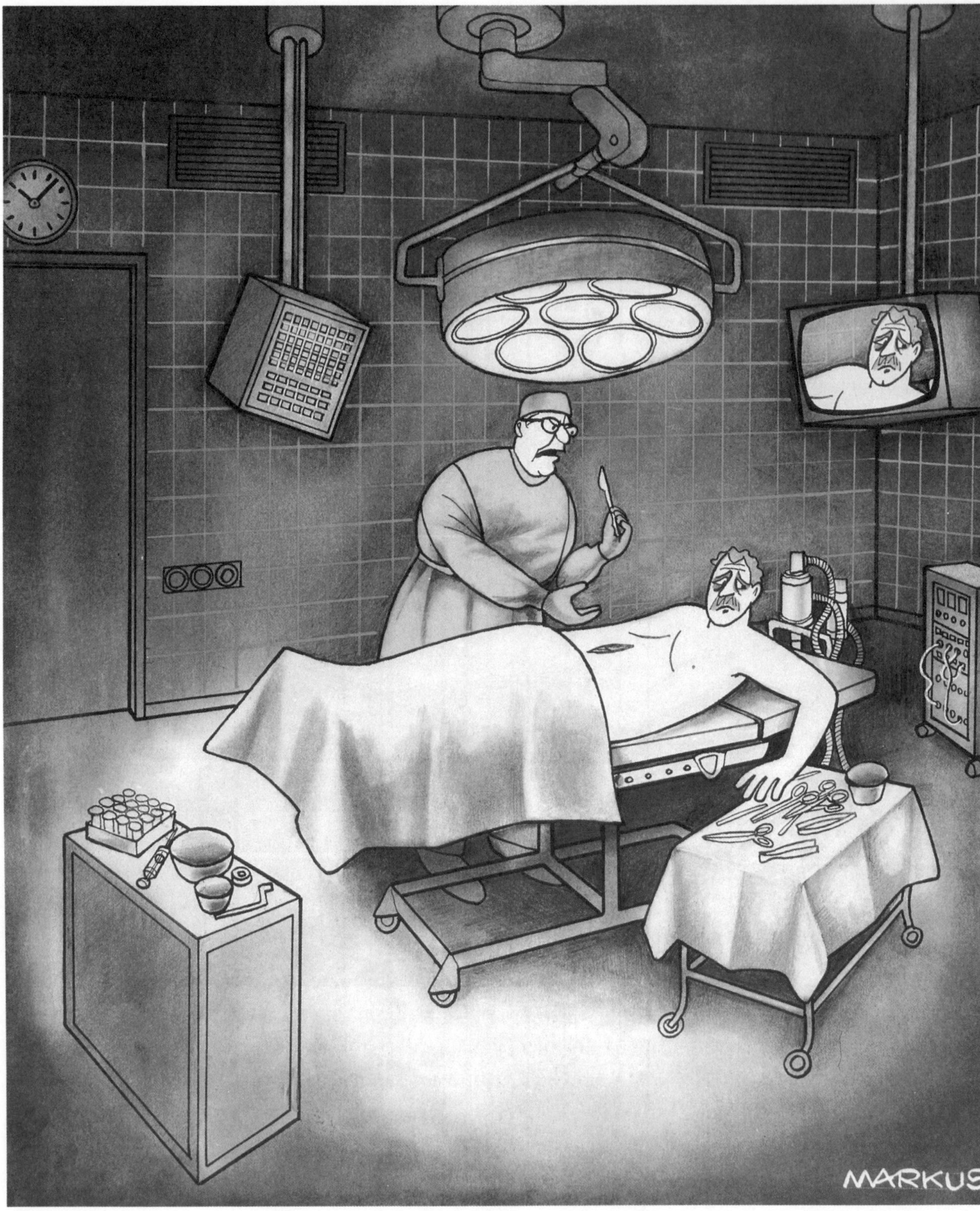

„Die Selbstbeteiligung der Patienten sollten Sie nicht mit mir, sondern mit Herrn Blüm diskutieren – Tupfer bitte!“

„Eines ist sicher –
aus dem Stimmungstief ist diese
Regierung wieder heraus!“

„Mit seiner neuen
Taktik macht Strauß uns unsere ganze
Profilierungskampagne kaputt!"

„Melde Herrn General weisungsgemäß: Alkoholismus in der Bundeswehr kein P-p-problem!“

„Die deutschen Sparer sind
offenbar immer noch verärgert,
Herr Stoltenberg!“

„Guten Tag, Herr Müller – hier
ist Ihre Stromrechnung und hier Ihr
anteiliger Atommüll!“

„Nun wollen wir aber auch
nicht größenwahnsinnig werden,
Herr Genscher!“

„Wenn Stoltenberg ausfällt,
muß eben jemand anderes die
Bescherung übernehmen!“

„Er hat sich riesig über Ihr Geschenk gefreut –
kaum jemand ahnt, wieviel Kraft es ihn gekostet hat,
alle Probleme auszusitzen!“

BEZIEHUNGSKISTEN

„Mit Rudolfs Ödipus-Komplex könnte
ich mich zur Not abfinden – es ist seine verdammte
Großmutter, die mich nervt!"

„Merken Sie sich eines – in
das Privatleben unserer Gäste mischen
wir uns grundsätzlich nicht ein!“

„Alles, was ich ursprünglich
wollte, war nur eine sinnerfüllte
Zweierbeziehung!"

„So versteh' mich doch, Martina – auf
den Bauch gedrückt zu werden und zu brummen
genügt mir inzwischen nicht mehr!"

„Wenn Sie zu sich selbst finden
wollen, müssen Sie dann eigentlich ständig
bei *mir* suchen, Herr Bergmann?“

„Und ich bin wirklich
der erste Mann in deinem
Leben, Monika?“

„Weder meine Frau
noch meine Sekretärin
verstehen mich!“

„Ich habe es auch noch nie
toller erlebt, Liebling – aber was wird
die Versicherung sagen?"

„Sandor der Geiger hat
sich pensionieren lassen – ich
bin sein Nachfolger!“

„Hör endlich auf, mir zu sagen,
was ich tun soll, und geh zurück in
die Kabine, Mutter!“

„Scheiß-Emanzipation!“

„Findest du nicht,
daß ein Foto deines ersten Mannes
genügen würde, Hedwig?"

„Na, Liebling, ist das nicht besser,
als von einer ungemütlichen Telefonzelle aus
fremde Weiber anzurufen?"

„Ich dachte, dies sei das
Fest der Liebe, und jetzt wollt ihr
pro Nase zweihundert Mark!“

„Wenn Sie mich fragen, ich
kann mit den Auswüchsen der freien
Marktwirtschaft leben!“

„Hallo, Elektronik-Service?
Schicken Sie sofort einen Monteur!"

„Dampf ab – heute ist
Welt-Kindertag!"

„Sie glauben doch nicht im Ernst, daß ich in Ihre dumme Anstalt zurückkomme, wenn in fünf Minuten die Schlacht von Waterloo beginnt!“

„So also sieht die Frauengruppe
aus, in der du jeden Mittwoch gute
Gespräche führst, Anneliese!“

„Wiener Blut, Wiener Blut –
voller Schmiß, voller Schwung,
voller Glut …“

„Das Paar von Haus 12 e ist wohl noch jung verheiratet?“

„Entschuldigung, geht es hier
zum Deutschen Psychiatrie-Kongreß?"

„Unsere Mami scheint
den Sinn des Muttertages völlig
mißverstanden zu haben!"

„Soll das heißen, daß du
auf einmal nichts mehr von der
offenen Ehe hältst, Rüdiger?“

„Ich hasse die Frauenbewegung!“

„Rita Süssmuth hat keine
Zeit – du müßtest dir das Dings
schon selbst anfummeln!“

„Noch nie etwas vom
Druckfehlerteufelchen gehört?“

„Wird es nicht langsam Zeit,
sich von unserem Retortenbaby zu trennen,
Herr Professor?“

„Ich mußte es einfach tun,
Herr Kommissar: Er war auch im Privatleben
immer nur fröhlich und ausgelassen!“

PARADIES DER YUPPIES

„Die Party läuft echt
beschissen – leg' schnell das Band mit dem
fröhlichen Stimmengewirr auf!"

„Guten Morgen, Herr Müller,
hier spricht Ihr Auto-Computer: Sie
haben drei Kilo Übergewicht!"

„Ich habe ja nichts gegen die neue
Badekultur – aber die verdammten Goldfische
machen mich ganz kribbelig!“

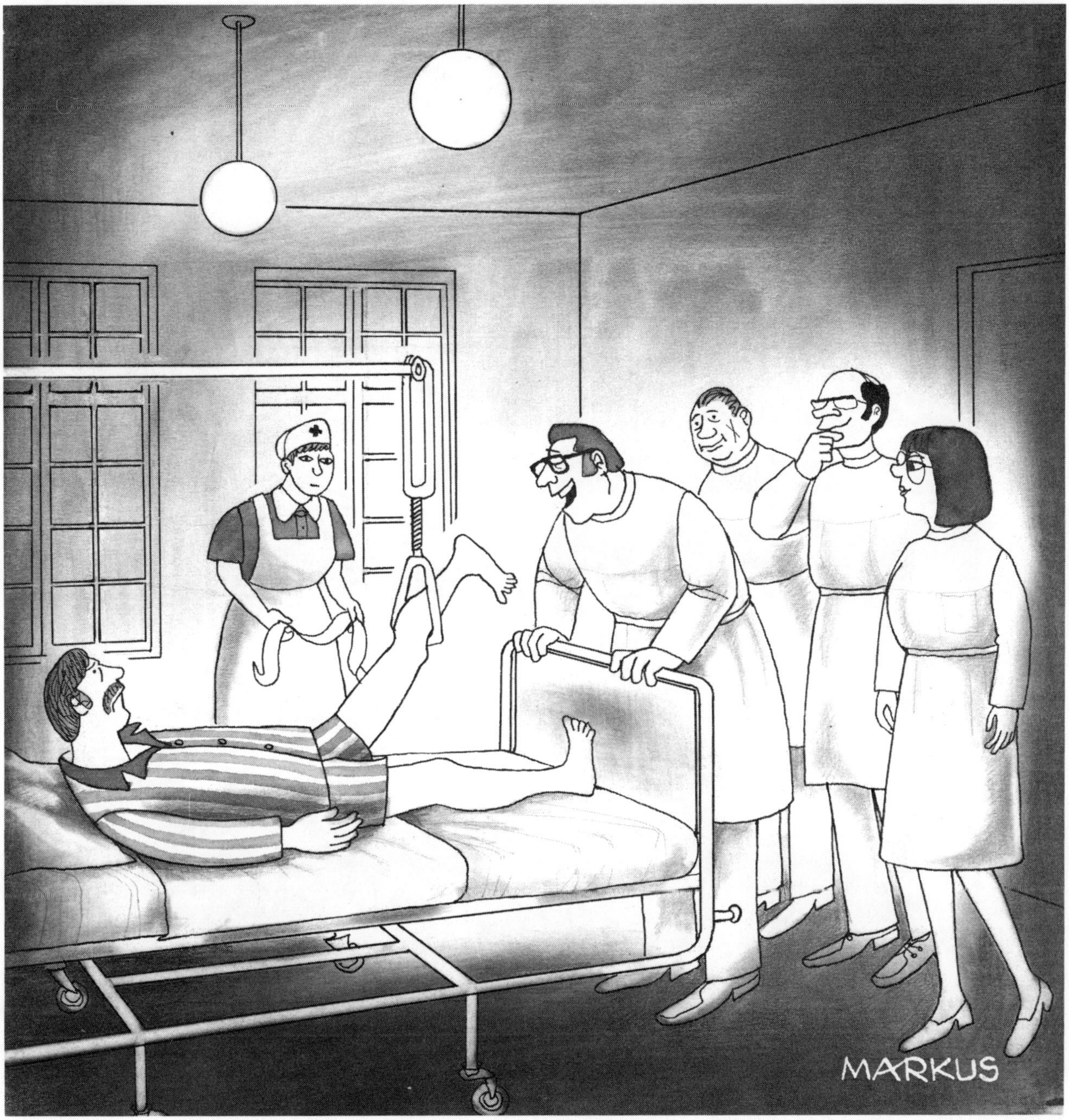

„Statt sich zu freuen, daß wir Ihr Bein nach dem Skiunfall wieder hingekriegt haben, machen Sie sich und uns mit Ihrer Pedanterie das Leben schwer!"

„Und wenn Sie noch so oft auf
die Hungerjahre nach dem Krieg hinweisen – die
Fasanen-Mousse schmeckt trotzdem ranzig!"

„Hier Vorzimmer Herr Direktor Maywald!“

„Wir haben jetzt
eine Menge Einzelkinder in
unserem Kindergarten!“

„Ein Schweizer
Nummernkonto hatte ich mir
immer anders vorgestellt!“

„Ich hab' dich gefragt,
ob du Feuer hast – auf die medizinischen
Vorträge kann ich verzichten!“

„Ja, ich hätte gern
etwas zu lesen: Haben Sie zufällig Kants
‚Kritik der reinen Vernunft' da?"

„Würden Sie mich
bitte sofort durchlassen –
ich bin BMW-Fahrer!"

„Hallo, ihr schlaffen Typen – hier ist die aktuelle Disco.
Und gleich schicke ich wieder ein paar unheimlich
geile Scheiben in eure Richtung . . .“

„Sie kauft nicht nur meine abgelegten Klamotten – auch meinen Ex-Mann hat sie sich angelacht!“

„Das war garantiert das
letzte Mal, daß ich für eure Scheißzigarette
über die Prärie geritten bin!“

„Meine Harley-Davidson
versteht mich nicht!“

„Ich weiß nicht, ob ich
Ingmar stören kann – er bewundert
gerade seine Augenbrauen!“

„Wenn du mich fragst,
ist Katja gar keine naive Malerin –
sie ist einfach blöd!“

„Soll das etwa heißen,
daß du das Pferd nach dem Ausritt
nicht trockenführen willst?“

„Kannst du wirklich
nicht anders testen, ob der
Reis körnig genug ist?“

„Und was passiert,
wenn wir im Südjemen keine
Landeerlaubnis erhalten?“

„Mein Schmuck ist im Banksafe, Bargeld ist auch keines im Haus – sie können es nur auf deine Goldfüllungen abgesehen haben!"

„Scheiß-Kunstfaser!“

„Darf ich mal fragen, wann
ich endlich meinen pornografischen
Roman weiterschreiben kann?“

„Entweder der Auflauf ist
völlig hin, oder Papi hat die Sonnen-
bank falsch eingestellt!“

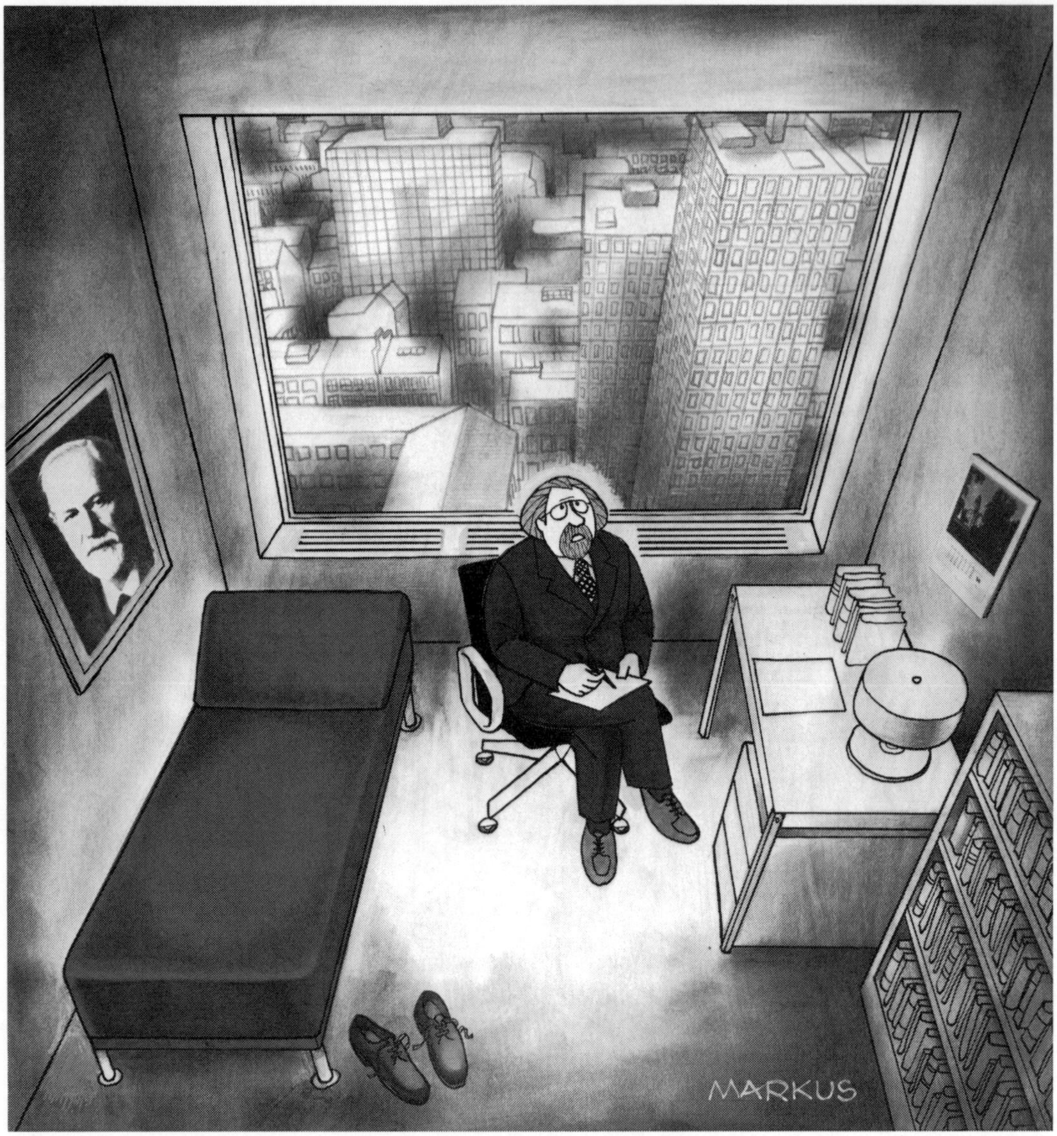

„Um es in der Sprache
des Laien auszudrücken, Herr Mühlberg:
Sie leiden an Größenwahn!"

„Ehrwürdige Tee-Zeremonie
hat sich leider sehr verändert
in letzte Zeit!“

„Um halb elf ist
Treffen der Frauengruppe –
weitersagen!“

VON ÖKO-MÄUSEN UND FRIEDENSFUZZIS

Diese Strandburg
ist atomwaffenfrei
MARKUS

„Ehe Sie sich zu unüberlegten Handlungen hinreißen lassen, sollten Sie bedenken, daß ich nur ein Produkt unserer gesellschaftlichen Bedingungen bin!“

„HIER SPRICHT DIE POLIZEI:
GEHEN SIE ZURÜCK AUF ‚LOS' – ZIEHEN
SIE NICHT 4000 MARK EIN!"

„Was haben wir bloß falsch
gemacht – jetzt will er wissen, wie
man einen Schlips bindet!“

„Du ahnst ja nicht, was die
verdammten Atomgegner unserer Firma täglich
für Ärger machen, Liebling!“

„Wenn du dein Spiegelei alternativ gebraten haben willst, hör endlich auf zu fragen, weshalb das Essen noch nicht auf dem Tisch ist!“

„Als ich euren Aufruf unterschrieb,
ahnte ich doch nicht, daß die Bimbos in das
Bauernhaus nebenan einziehen würden!"

„Dies ist garantiert
die letzte Fahrrad-Demo,
die ich mit dir mache!“

„Detlev war
seiner Zeit schon immer
ein bißchen voraus!"

„Ich mag nicht mehr
makrobiotisch essen, Mami!“

Stell dir vor
es ist Krieg und
Keiner geht
MARKUS

„Sie müssen sich
in der Tür geirrt haben – ich
bin doch Pazifist!“

(ANZEIGE)

Ärger mit Behörden? Nachbarn? Vorgesetzten? Diesem Scheißstaat?

Rent-a-Demo© hilft Ihnen.

Nutzen Sie Ihr Grundrecht auf Widerstand! Wählen Sie aus unserem reichhaltigen Angebot!

★ **Mini-Demo** (für Preisbewußte): 1 Original-Hausbesetzer auf Öko-Fahrrad. Dauer: 5 Minuten.

★ **Standard-Demo:** 30 Teilnehmer, teilweise vermummt, inkl. 1 Liedermacher. Dauer: 30 Minuten.

★ **Super-Gala-Demo** (für den verwöhnten Geschmack): 100 Teilnehmer, inkl. 15 Punker, 3 Kleinkinder, 2 ev. Pastoren (mit Talar 10 % Aufschlag), sowie garantiert echte mittelamerikanische Freiheitskämpfer.*) Dauer: 90 Minuten.

Platz für Ihre Botschaft:

*) Stillende Mütter auf Anfrage.

JA

Ich fühle mich provoziert und bestelle hiermit eine Demo in der Ausführung

☐ Mini
☐ Standard
☐ Super-Gala

Die Demo soll wie folgt verlaufen:

☐ Absolut gewaltfrei
☐ Gewaltfrei
☐ Ziemlich gewaltfrei
☐ Gewalt nur gegen Sachen
☐ Wer hat denn mit der Gewalt angefangen?

„Faß!"

„Bei uns, meine Damen
und Herren, rennen Sie sozusagen
nur offene Türen ein!“

„Ich wand're dahin mit bloßen Füßen
Im frischen Morgentau der Wiesen,
Die Vöglein singen in den Bäumen,
Im stillen Tal die Bächlein träumen,
Hab' mich befreit von Beton und Stahl,
Technik und Stress – ein für allemal!"

„Haben Sie denn
keinen Tee, der einfach nach
Tee schmeckt?"

„Gewaltfreier Widerstand
ist ja schön und gut, Jungs – aber die
Leute wollen jetzt Tore sehen!“

„Ich weiß nicht, ob unsere Vorfahren für oder gegen Atomkraft waren – auf jeden Fall war ihre Entscheidung falsch!“

GESCHICHTEN, DIE DAS LEBEN SCHRIEB

IM DISCO-FIEBER

Der aktuelle Bericht des Niederlassungsleiters Wolfgang P.

WIR SICHERN UNSER REIHENHAUS

SO GAB ICH DAS RAUCHEN AUF

Die beispielhafte Tat des Verwaltungsinspektors Hubert K.

KEINE ROSEN FÜR DIE KARRIEREFRAU

MEIN JUNGER FREUND

Aus dem intimen Tagebuch der Moderedakteurin Bini G.

SELBSTERFAHRUNG

Der bewußtseinserweiternde Bericht der Hausfrau Irmgard K.

HAIR

Die Beobachtungen des Haarstylisten Hartmut P.

WENN MÄNNER ZARTE WÄSCHE SCHENKEN

日本式のやり方*

Aus dem Stenogramm der Sekretärin Sabine P.

*Die Japan-Methode

AEROBIC TOTAL

Aus dem Trainingstagebuch der Hausfrau Margrit W.

ICH, SUPER-MANN

Das Erfolgsrezept des Werbetexters Jost-Patrick S.

TEMPO-TÄTER UND WALDBEWAHRER

MEIN HEIMCOMPUTER

MEINE MUTTER UND ICH

Die problematischen Protokolle der Daniela W.

FRISCH, FRÖHLICH UND FREI DURCH FASTEN

ANTIQUITÄTEN ÜBER ALLES

EINZELN DURCHS LEBEN

Der beispielhafte Bericht des Diplomvolkswirtes Norbert D.

DIE JOGGER SIND LOS!

Aus den Trainingsprotokollen des Wirtschaftsprüfers Malte H.

LÄNDLICHE ALTERNATIVE

Aus dem Tagebuch der vormaligen Fremdsprachen-Korrespondentin Gesine St.

DER WEISSE RAUSCH

Aus dem alpinen Tagebuch der Regieassistentin Simone G.

AUF DER SCHÖNHEITSFARM

Die wundersame Verwandlung des Regierungsinspektors Wilfried M.

DER GURU

Die Metamorphose des Maschinenschlossers Klaus-Uwe D., geschildert von seiner Ehefrau

KARRIERE – NEIN DANKE

Der folgerichtige Entschluß des Sachbearbeiters Ortwin H.

AUS DEN UNVOLLENDETEN MEMOIREN

Meine letzte Schlacht

Adolf Hitler, Führer und Oberbefehlshaber der Wehrmacht, entsann sich meiner, als die Lage an den verschiedenen Fronten verzweifelt wurde. Seiner Einladung folgend, fand ich mich am 13. März 1945 beim Grenadier-Ersatzbataillon 398 in der Kaiserbleek-Kaserne in Goslar ein. Ich war 16 Jahre alt und seit dem zehnten Lebensjahr auf meine ehrenhafte Rolle als Vaterlandsverteidiger und Kanonenfutter vorbereitet worden. In Jungvolk und Hitlerjugend, bei der Heimatflak und zuletzt beim Reichsarbeitsdienst hatte man versucht, mich flink wie einen Windhund, zäh wie Leder und hart wie Krupp-Stahl zu machen – ohne großen Erfolg, wie meine neuen Vorgesetzten bei den Ersatzgrenadieren bald feststellten. Das böse Wort vom „militärischen Trümmerhaufen" fiel des öfteren während dieser ersten Tage gegenseitigen Kennenlernens.

Ich trug nun den Rock des Führers, bestehend aus einer grünen Heeresuniformjacke, blauen Luftwaffenhosen und einem braunen Rollkragenpullover aus belgischen Beutebeständen; dazu Knobelbecher, die zwei Nummern zu groß waren. Schmucker konnte mich die großdeutsche Wehrmacht nicht ausstaffieren, denn Material war nach sechs Kriegsjahren knapper als Menschen. Es war meine fünfte Uniform während des Dritten Reiches. Ich leistete darin meinen fünften Eid auf den Führer. Mein Herz gehörte jedoch nicht dem Mann aus Braunau, sondern einem Mädchen namens Marie, mit dem ich ein Vierteljahr lang in einem Rüstungsbetrieb Flugzeugbremstrommeln fabriziert hatte.

Nach zwei Wochen Ausbildung in Goslar – wir vertieften unsere Kenntnisse bezüglich des Karabiners 98 und schossen einige Male mit „Panzerfäusten" in einem Steinbruch herum – wurden wir nach Westen in Marsch gesetzt. Da die großdeutsche Eisenbahn zu diesem Zeitpunkt nicht mehr für den Sieg rollte, sondern ausgiebig zerbombt worden war, gingen wir zu Fuß. Aus Angst vor Fliegerangriffen wurde nachts marschiert. Zusätzlich zu dem üblichen martialischen Krimskrams wie Gewehr, Bajonett, Stahlhelm, Gasmaske, Spaten, Feldflasche, Brotbeutel mit Verpflegung schleppten wir jeder 30 Schuß Gewehrmunition mit. Außerdem pro Zug ein Maschinengewehr und etliche Panzerfäuste, die reihum getragen wurden. So rückten wir vor – eine Kolonne von Minderjährigen, angeführt von einigen bereits mehr oder weniger blessierten Offizieren und Unteroffizieren im Mannesalter. Wenn wir im Morgengrauen in die Ortschaften einzogen, standen die Frauen vor den Häusern und weinten bei unserem Anblick. Wir selbst verstanden nicht ganz, warum.

Am 3. April kamen wir nach Brakel in Westfalen. Dort mußte ich zunächst wegen vergangener Sünden – die gesamte Kompanie hatte beim letzten Stopp auf mich warten müssen, weil ich meinen Stahlhelm im Stroh der Übernachtungsscheune verloren hatte – die Latrine säubern, konnte dann

Seit dem zehnten Lebensjahr war ich auf meine ehrenhafte Rolle als Vaterlandsverteidiger und Kanonenfutter vorbereitet worden

aber mit zwei Mitstreitern durch die Stadt streifen. Bei Privatleuten hörten wir die Nachrichten der „BBC“ in deutscher Sprache – eine riskante Art von Freizeitgestaltung, denn auf „Abhören von Feindsendern“ stand die Todesstrafe. Auf diese Weise erfuhren wir, daß die Alliierten nördlich und südlich von uns schon weit nach Osten vorgedrungen waren. Wir nahmen die Information kommentarlos zur Kenntnis und kehrten dann zu unserer Kompanie zurück.

Unser oberster Kriegsherr, ein einarmiger Hauptmann, ließ uns antreten. Er begann seine Ansprache mit „Männer!“, und alle versammelten Knirpse wuchsen sofort um mehrere Zentimeter. Danach teilte er uns mit, daß es jetzt Ernst werde. In der Abenddämmerung marschierten wir ab in Richtung Bad Driburg. Nach einigen Kilometern kam der Befehl, uns vor einem Gehöft einzugraben. Am Ende unserer tiefbautechnischen Bemühungen bestand die Hauptkampflinie aus einer Reihe von mickrigen Erdlöchern, die sich schräg über den Acker von besagtem Gehöft zu einem Straßendamm hinzog.

Jedes Erdloch war mit zwei Mann besetzt. In Loch Nr. 1, unmittelbar an der Böschung der Straße, residierte ein Unteroffizier mit einem unserer Kollegen. Ungefähr zehn Meter dahinter kam mein Erdloch. Ich teilte es mit einem kleinen Ostpreußen. Seine ganze Familie war auf der Flucht aus dem Osten verschollen. Verständlicherweise ergab die Verteidigung von Brakel für ihn deshalb keinen rechten Sinn mehr. Ganz hinten, nahe dem Gehöft, hielt sich unsere Führung auf. In der Scheune des Gehöfts war das Maschinengewehr untergebracht.

Als Avantgarde der Einheit hatte man uns in Loch Nr. 1 und Nr. 2 je eine der kostbaren Panzerfäuste anvertraut. Ob man damit in meinem Fall die richtige Wahl getroffen hatte, darf füglich bezweifelt werden. Zu meiner allgemeinen Kriegsmüdigkeit kam noch erschwerend hinzu, daß ich praktisch blind ins Feld gezogen war. Von Haus aus kurzsichtig, war ich von meiner Mutter einige Zeit zuvor einem Professor der Augenheilkunde ausgeliefert worden, dessen Methoden sich radikal von denen seiner Kollegen unterschieden. „Brillen sind Krücken“, so lehrte er, „und mit Krücken überwindet man das Humpeln nie!“ Um die Augen zur Selbsthilfe anzuregen, verschrieb er Kurzsichtigen Brillen für Weitsichtige und umgekehrt. Ich trug demzufolge eine Brille, mit der ich schlechter sah als ohne Brille. Eine Revolte kam mir angesichts des ehernen Willens meiner Mutter und der Autorität des Professors nicht in den Sinn. Kurz vor meiner Einberufung fand ich den Mut, ihn zu fragen, wie ich mich wohl gegen den Feind wehren solle, wenn ich nur Milchstraßen und Spiralnebel vor Augen hätte. Sein äußerstes Entgegenkommen bestand darin, mir zusätzlich zu meiner Alltagsbrille eine Schießbrille für den Verteidigungsfall zu verschreiben. Das Nächstliegende wäre gewesen, ich hätte eine normale Kurzsichtigen-Brille bekommen. Aber dadurch wäre die ganze Theorie dieser augenmedizinischen Kapazität in Frage gestellt worden. Deshalb wurde in meiner Schießbrille nur das linke Auge, auf dem ich sowieso weniger kurzsichtig war, seiner Sehschwäche entsprechend korrigiert. Das rechte blieb weiter im Nebel. „Sie schießen künftig ganz einfach mit links!" verabschiedete mich der Professor. Das Resultat dieser Anordnung war natürlich in höchstem Maße wehrkraftzersetzend. Wenn es darauf ankam, brachte ich erst einmal eine geraume Zeit damit zu, meine Brillen zu wechseln, und dann war ich auch noch gezwungen, die mir anvertrauten Schießgeräte sozusagen spiegelverkehrt zu bedienen. (Und wenn Sie, liebe Leser, diese Schilderung verwirrend finden: Was soll ich denn sagen – ich bin fünf Jahre lang mit den blöden Brillen blind durch die Welt gestolpert!)

So saß ich denn mit meinen zwei Brillen und dem kleinen Ostpreußen im Erdloch und wartete auf den Endkampf. Es passierte überhaupt nichts. Wie das so üblich ist, graute irgendwann der Morgen. Feinde waren nicht zu sehen. Ich war beleidigt: Mühselig ein Loch im Lehm gegraben, die Nacht um die Ohren gehauen und nirgendwo ein Zeichen von *action!* Außerdem war's kalt, und Verpflegung gab's nicht. Er möge die Stellung ein bißchen allein halten, bedeutete ich meinem Kompagnon, ich wolle Essen holen. Irgendwelche Befehlshaber waren zum Glück nicht in der Nähe, also spazierte ich zum Gehöft hinüber. Ich fand, ich hatte ein Frühstück verdient. In der Eßstube setzten sich die Bauersleute auch tatsächlich gerade zu einem solchen nieder. Sie begrüßten mich als ihren Verteidiger und luden mich ein, mitzutafeln.

Satt und sehr zufrieden mit der Welt kehrte ich nach einer dreiviertel Stunde zurück, in der Tasche belegte Brote für meinen Kollegen. Ich wurde schon von dem Unteroffizier erwartet, der in Loch Nr. 1 stationiert war. „Unerlaubte Entfernung von der Truppe!" schrie er. „Wissen Sie, was das bedeutet?" Angesichts unserer ungeklärten Lage inszenierte er jedoch keine öffentliche Erschießung, sondern ließ mich nach einigen Minuten intensiven Psychoterrors in Ruhe und verschwand, um anderweitig nach dem Rechten zu sehen. Mein Ostpreuße und ich hockten uns traulich in unser Erdloch und versuchten, den versäumten Schlaf nachzuholen.

Es gelang uns nicht. Kaum waren wir eingenickt, erhob sich ein Getöse, an dem Sergio Leone seine helle Freude gehabt hätte. Ohne die geringste Vorwarnung schoß es plötzlich aus allen Himmelsrichtungen. Nach dem ersten Schock sah ich ganz vorsichtig über den Rand unserer Behausung zum Straßendamm hinauf. Schnell zog ich den Kopf wieder zurück: Die Straße stand voller amerikanischer Panzer mit aufgesessener Infanterie, und alles ballerte enthusiastisch in die Landschaft. Von deutscher Seite schossen irgendwelche leichtsinnigen Menschen zurück. Die aus vielen Filmen bekannte schwarze Rauchwolke stieg zum Himmel. Der Ostpreuße und ich sahen uns an. „Ich hab' mir in die Hosen geschissen", sagte er.

Sehr wohl war auch mir nicht zumute. Die Straße war so nah, daß wir die Amerikaner reden hören konnten, wenn sie nicht gerade schossen. Von dort oben mußte es ihnen ein leichtes sein, eine (oder mehrere) Handgranaten in unsere Unterkunft zu werfen. Oder einer der Panzer konnte von der Straße herunterkommen und ein bißchen über unserem Loch spazierenfahren. Es gab noch viele andere unappetitliche Möglichkeiten.

Unser Glück war wahrscheinlich, daß wir den Amerikanern zu nahe waren. Jedenfalls kümmerten sie sich nicht um uns, und nach einigen Minuten begannen wir, uns an den Spektakel zu gewöhnen. Ich registrierte zum Beispiel, daß Kugeln genauso zwitschern, wie es die Autoren von Kriegsbüchern immer beschrieben hatten. Allmählich wurden wir frech. Ich steckte mir eine Zigarette an, während mein Ostpreuße fragte, ob wir es nicht vielleicht doch einmal mit der Panzerfaust versuchen sollten. Die lag zusammen mit unseren Stahlhelmen und anderen Ausrüstungsgegenständen – meine famose Schießbrille war auch darunter – draußen auf dem Acker, weil sie uns beim Schlafen im Weg gewesen war. Er glaubte wohl selbst nicht ganz an sein Heldentum und gab sich sehr rasch zufrieden, als ich ihm klarmachte, daß es militärisch absolut sinnlos wäre, die Panzerfaust in einem so kritischen Moment an sich zu nehmen.

Etwa eine halbe Stunde später hörte der Krach ebenso plötzlich auf, wie er angefangen hatte. Wir sahen hinaus. Die Straße war leer. Nach meinen Vorstellungen von einem ordentlichen Krieg mußte jetzt die Infanterie heranstürmen, um unsere Stellung zu nehmen, nachdem ihr die Panzer den Weg freigeschossen hatten. Aber nichts dergleichen. Die Panzer waren ostwärts weitergefahren, unser Feld lag verlassen, die Scheune brannte friedlich vor sich hin. Und das war's.

Nach und nach krochen auch die anderen aus ihren Löchern. Nur in Loch Nr. 1 regte sich nichts. Nach kurzer Überwindung gingen wir die zehn Meter hinüber und sahen hinein. Am Boden lag eine regungslose Gestalt – zusammengekrümmt, das Gesicht nach unten. Sie sah eigentlich ganz heil aus. Wir räusperten uns aufmunternd, und unser Mitstreiter richtete sich auf, blaß, aber unversehrt. Das einzige, was ihn getroffen hatte, waren die leeren Geschoßhülsen der über ihn hinweg feuernden Amerikaner.

Wir standen in Grüppchen herum und palaverten. Von unseren Vorgesetzten war weit und breit nichts zu sehen. Vielleicht weil ich zehn Zentimeter länger als die anderen war, sah man mich erwartungsvoll an. Ich dachte an meinen Großvater, den General von Tannenberg, und hoffte, er werde sich nicht allzusehr im Grabe umdrehen. Dann ordnete ich den Rückzug an. Wir gingen am Rand der Wälder entlang, die die Hügel um Brakel herum zieren. Auf den Talstraßen rumorten die amerikanischen Panzer. Allmählich löste sich meine Truppe in anderen zurückfliehenden Einheiten auf. In einem Dorf, das gerade von den Deutschen geräumt wurde, gelang es mir, als Vorletzter auf einen vollbesetzten Lastwagen zu krabbeln, was meinen Rückzug erfreulich beschleunigte. Der Lastwagen kam bis zu einem Ort mit dem treffenden Namen Bruchhausen. Dort, so hieß es, seien bereits feindliche Panzer. Wir stiegen ab und wanderten in den Wald. Inzwischen war es dunkel geworden. Ich war jetzt von allen meinen Kollegen getrennt, um mich herum nur fremde Soldaten, versprengt wie ich.

Von unserem Waldhügel hatten wir einen Panoramablick ins Tal hinab und auf den Ort Bruchhausen. Dort unten war eine regelrechte Schlacht im Gange. Unablässig sauste Leuchtspurmunition durch die Dunkelheit. Mitten im Ort stand ein einsamer deutscher Panzer und brannte. Wir waren ganz in die Betrachtung dieses schaurigen Feuerwerks vertieft, als uns ein Offizier aufscheuchte, der Freiwillige für einen Stoßtrupp suchte. Als er keine Freiwilligen fand, pickte er sich seine Kandidaten aus dem verstreut lagernden Soldatenvolk heraus – die Hand dräuend an der Pistolentasche. Jeder machte sich so klein wie möglich, doch am Ende hatte er sein Häuflein Unglückswürmer zusammen. Angeführt von einem Feldwebel verschwand der Stoßtrupp talwärts. Nach einer Stunde kam der Feldwebel allein zurück. Unter Tränen machte er seine Meldung: „Sie sind mir alle abgehauen!" Ganz unbeabsichtigt bescherte jener unbekannte Feldwebel mir damit einen der glücklichsten Momente meines Lebens: Der Bann war gebrochen. Für mich war das Nazi-Reich zu Ende. Ab jetzt galt es nur noch, heil nach Hause zu kommen, während das braune Walhall zusammenkrachte.

Ich schlief, so gut es ging, wobei ich Gewehr und Gasmaske als Unterlage benutzte, um nicht allzu feucht zu werden. Im Morgengrauen trotteten alle wortlos weiter. Ich hatte nur sehr undeutliche Vorstellungen davon, wo das niedersächsische Städtchen lag, in dem meine Familie damals untergeschlüpft war. Natürlich besaß ich auch keine Karte, hatte mir aber vorgenommen, annähernd die gleiche Route zu benutzen, die wir hingetippelt waren, und dann vor Goslar nach Norden abzubiegen. Der Hauptärger war künftig von den eigenen Leuten zu erwarten, vornehmlich von der Waffen-SS, die unfein genug war, Deserteure mit dem Schild „Ich bin ein Feigling“ am Straßenrand aufzuhängen.

Wie ich da durch die morgenfrischen Büsche schritt, sah ich aber wohl eher noch nach kampfentschlossenem Krieger aus: Stahlhelm und Uniform voller Dreck vom Draußenkampieren, das Gewehr grimmig am Riemen gepackt, nicht etwa weggeworfen, wie es so viele andere getan hatten. Um ganz ehrlich zu sein: Ich behielt das Gewehr nur, weil ich damit – heilige Einfalt! – zu Hause auf die Jagd gehen wollte. Jedenfalls nahm mich unterwegs ein Trupp von Waffen-SS-Leuten bereitwillig auf den requirierten Pferdewagen. In ihrer Mitte fuhr ich ungeschoren über die Weserbrücke in Karlshafen an den Kontrollposten vorbei.

Auf der anderen Seite kam ich meinen unheimlichen Begleitern wie zufällig abhanden und schritt eine Zeitlang allein über die Wiesen. Dann radelte von hinten ein Uniformierter heran und sprach mich in kumpelhaftem Ton an: „Na, wo gehst du denn hin?“ Ich beäugte ihn weitsichtig: Offiziersmantel, zugeknöpft bis oben, Feldmütze. Es war nicht üblich, daß Offiziere einen duzten. Meine Antwort hatte ich schon auf der Zunge: „Mensch, ich geh' nach Hause!“ Dann sah ich noch einmal auf seine Kragenspiegel und schluckte – mein neuer Freund war Waffen-SS-Führer. „Zur soundsovielten Kompanie, soundsovieltes Regiment!“ verkündete ich mit verlogener Zakkigkeit. Dagegen konnte er nichts einwenden, er sattelte wieder auf und radelte aus meinem Leben.

In Silberborn im Solling fand ich Unterkunft bei einer freundlichen Familie. Abends saßen wir im Dunkeln in der guten Stube zusammen, Strom gab es bereits nicht mehr. Plötzlich klopfte es, und ein weiterer Wehrmachtsangehöriger stand in der Tür. Er bat um ein Glas Wasser. Schon bei den ersten Worten erkannte ich ihn. Es war mein Unteroffizier aus Loch Nr. 1, so ziemlich der letzte, dem ich jetzt begegnen wollte.

Zum Glück saß ich mit dem Rükken zur Tür und hatte die Uniformjacke ausgezogen, so daß ich mit meinem Pullover aus Beutebeständen im Schummerlicht einigermaßen zivil aussah. Während der Unteroffizier mit den anderen redete und von seinen Heldentaten erzählte, blieb ich stumm. Dann hatte er sein Glas ausgetrunken und verließ uns wieder.

Nachts durfte ich zum erstenmal seit Wochen in einem richtigen Bett schlafen. Ich blieb zwei Tage in Silberborn. Mit dem Strom war auch jegliche Informationsquelle versiegt. Niemand wußte, wie weit die Alliierten uns bereits eingekesselt hatten. Am dritten Tag half alles nichts, ich mußte weiter. Schon am Ortsausgang schlug das Schicksal zu. In meiner ganzen ausgeruhten Pracht lief ich dem Hauptfeldwebel meiner Kompanie in die Arme, dem ich als militärischer Trümmerhaufen schon immer ein Dorn im Auge gewesen war. Ich mimte überschäumende Freude ob des Wiedersehens. Er nahm meine Begeisterung mit Skepsis auf und befahl mir, mich bei einer Abteilung unserer Leute zu melden, die 1000 Meter weiter an der Straße postiert sei.

Die Lage war ganz offensichtlich ernst. Auf dem Weg gesellten sich zwei fremde Landser zu mir, die ebenfalls herrenlos waren. Zu dritt näherten wir uns der angegebenen Stelle. Einige Soldaten standen neben der Straße und sammelten die Versprengten ein. Sie waren zum Glück nicht aus meinem Zug. „He, ihr – wo wollt ihr hin?“ riefen sie uns an, als wir auf gleicher Höhe mit ihnen waren. Ich beschloß, die Roulettekugel rollen zu lassen, und ging an ihnen vorbei, ohne mich umzusehen. Wenn sie mich nicht erkannten, besaß ich einen gewissen Vorsprung, ehe der Spieß zurückkommen und mein Verschwinden bemerken würde. Meine beiden Kumpane marschierten genauso unbeirrt weiter. „Ihr seid aber stur!“ riefen die Posten uns nach – aber sie blieben, wo sie waren.

Wir wanderten durch die Waldwege des Solling. In der Ferne hörte man Panzer brummen. Vernünftigerweise benutzten sie jedoch die Straßen und ließen uns zwischen unseren Tannen in Frieden. Meine Begleiter waren älter als ich und sehr umgängliche Herrschaften. Wegen meiner Brille hieß ich bei ihnen „Professor“. Die beiden hatten, kurz bevor wir uns trafen, ein Wehrmachtdepot besucht, das beim Nahen des Feindes aufgelöst wurde, und hatten Hunderte von Zigaretten bei sich. So viel wie in jenen Tagen habe ich nie wieder geraucht.

Kurz vor Einbruch der Dämmerung kamen wir nach Einbeck. Wir fanden eine Gespensterstadt vor. Die deutschen Truppen hatten den Ort bereits geräumt, die Amerikaner waren noch nicht eingetroffen. Die Straßen waren wie leergefegt. Wir fanden schließlich eine junge Frau, die bereit war, uns über Nacht zu beherbergen. Sie gab uns zu essen und schenkte sogar Wein ein. Danach waren wir alle ziemlich betrunken. Der eine Weggenosse und ich legten uns in voller Montur auf ein Bett und fielen sofort in tiefen Schlaf. Der andere war mit der jungen Frau im Nebenzimmer verschwunden.

Am Morgen nahmen wir Abschied von unserer freundlichen Wirtin und trollten uns. In einem Dorf östlich von Einbeck hörten wir, daß jenseits des nächsten Hügelkammes schon „der Ami“ sei. Ein hilfsbereiter Landmann schenkte mir eine dunkelblaue Konfirmationsanzugsjacke, die ich an Stelle der Uniformjacke über meinen Beutepullover zog. Die Knobelbecher tarnte ich dadurch, daß ich die luftwaffenblauen Hosen von jetzt an über den Stiefelschäften trug. In dieser Kostümierung – halb intellektueller Landarbeiter, halb Vogelscheuche – hoffte ich, mein Inkognito wahren zu können. Von meinem Gewehr mußte ich mich nun doch trennen. Es flog zusammen mit dem Rest meiner militärischen Ausrüstung in ein Gebüsch, gefolgt von Soldbuch und Erkennungsmarke: Ich hatte mich aus der großdeutschen Armee entlassen und war wieder Privatmann.

Wir lösten unsere Gruppe auf, weil wir annahmen, uns einzeln besser durchmanövrieren zu können. Allein ging ich den nächsten Höhenzug hinauf. Oben blieb ich erst einmal fassungslos stehen. Auf der Straße unten im Tal fuhr ein nicht enden wollender Konvoi amerikanischer Militärfahrzeuge weiter ins Land hinein – Panzer, Jeeps, Lkw, Tankwagen: Eine Weltmacht hatte den Provinz-Protz besiegt. In respektvoller Entfernung von der militärischen Rush-hour wanderte ich neben der Straße her nach Norden. Nachts, soviel bekam ich bald mit, bestand im besetzten Gebiet absolutes Ausgehverbot.

Ich mußte wieder eine Unterkunft finden. Das Dorf, das ich mir aussuchte, lag zwischen Freden und Alfeld. Ich zog von Haus zu Haus und sagte mein Sprüchlein auf. Dabei lernte ich die Flexibilität meiner Landsleute kennen. Sie hatten sich im Nu umgestellt und dienten den neuen Herren ebenso eifrig, wie sie den alten untertan gewesen waren. Kaum erblickten sie mich in meiner schlecht getarnten Militärkluft, wurde die Tür auch wieder zugeschlagen. Einer sagte sogar: „Sehen Sie zu, daß Sie schnell wegkommen, sonst muß ich Sie melden!“

Ich hatte fast alle Hoffnung aufgegeben, als ich an eine der letzten Haustüren klopfte. Der Bauer musterte mich von oben bis unten. „Bist du 'n Landser oder 'n Brauner?“ fragte er. Ein Brauner war ich nicht. „Dann komm rein“, sagte er (in Gedanken verlieh ich ihm dafür den höchsten von mir zu vergebenden Orden), „du kannst in der Dachkammer schlafen. Ich stell' dir 'ne Leiter ans Fenster. Wenn sie von vorn ins Haus kommen, kannst du hintenrum türmen.“

Am nächsten Morgen schien zum erstenmal seit vielen Tagen die Sonne. Ich brach ganz früh auf und ging über die Bergkuppe, die mich noch von meiner Familie trennte. Der Wald war menschenleer, die Vögel sangen, wie es sich gehörte. Am liebsten wäre ich den ganzen Weg gehüpft. Am Montag, dem 9. April 1945, gegen Mittag war ich wieder zu Hause. Einen guten Monat später – der Frieden war noch ganz frisch – feierte ich meinen 17. Geburtstag – natürlich mit Marie, die auf mich gewartet hatte.

MARKUS

Geboren am 16. 5. 1928 in Berlin als Jörg Mark-Ingraban von Morgen. Luftwaffenhelfer, Arbeitsdienstler und Soldat. Studierte Gebrauchsgrafik und Malerei und war von 1960–1968 Werbemann, zuletzt als Kontaktgruppenleiter in einer internationalen Werbeagentur. Markus zeichnet seit 1965 exklusiv und seit 1968 hauptberuflich für den STERN. Seine Cartoons, in denen er gern selbst auftaucht, nennt er „Storykaturen“.

Kennzeichen: 1,89 m groß, unsportliche Erscheinung. Spricht verschiedene, vorzugsweise exotische Fremdsprachen. Vorliebe für Jazz, den er als Saxophonist jeden Donnerstag in der Magnolia Jazz Band mit Fanatismus betreibt. Markus lebt in Hamburg, ist verheiratet und hat drei Kinder.

ANDERE BÜCHER VON MARKUS

Seit mehr als zwanzig
Jahren begleitet Markus das Zeitgeschehen
mit seinen Cartoons
im STERN